DATE DUE   JUN 03

GAYLORD			PRINTED IN U.S.A.

¿CÓMO PODEMOS UTILIZAR

LA CUÑA?

David y Patricia Armentrout
traducido por Diego Mansilla

Rourke
Publishing LLC
Vero Beach, Florida 32964

www.rourkepublishing.com

PHOTO CREDITS:©Armentrout pgs. 4, 9, 29; ©David French Photography pgs. 14, 17, 20, 23, 25, 27; ©Image 100 Ltd. Cover; ©Digital Vision Ltd. pgs. 11, 18; ©Painet, Inc. pgs. 7, 13

Cover: Los dientes funcionan como cuñas pequeñas.

Editor: Frank Sloan

Cover design: Nicola Stratford

Series Consulting Editor: Henry Rasof, a former editor with Franklin Watts, has edited many science books for children and young adults.

Spanish Editorial Services by Versal Editorial Group, Inc. www.versalgroup.com

Library of Congress Cataloging-in-Publication Data

Armentrout, David, 1962-
¿Cómo podemos utilizar la cuña? / David and
Patricia Armentrout.
     p. cm.
Summary: Defines wedges, explains their functions, and suggests simple
experiments to demonstrate how they work.
Includes bibliographical references and index.
  ISBN 1-58952-438-1
  1. Wedges—Juvenile literature. [1. Wedges—Experiments. 2.
Experiments.] I. Title: Wedge. II. Armentrout, Patricia, 1960- III.
Title.
  TJ1201.W44 A758 2002
  621.8--dc21
                                                    2002007653

Printed in the USA

w/w

Contenido

Cuña: una máquina simple que actúa como un plano inclinado móvil

Una cuña de hierro se puede usar para separar troncos.

Máquinas de trabajo

El mundo donde vivimos es muy diferente de aquél que habitaban nuestros antepasados. Actualmente tenemos muchas máquinas que nos facilitan el trabajo.

Gran parte del trabajo que realizaban nuestros antepasados tenía como fin la supervivencia. Cazar, producir alimentos, construir refugios y conservar la temperatura corporal eran los desafíos diarios. Gracias a las máquinas modernas, nosotros no tenemos que gastar toda nuestra energía en sobrevivir. Las máquinas facilitan nuestras tareas y nos ahorran tiempo. Muchas de las máquinas modernas tienen algo en común: están hechas a partir de máquinas simples.

Las máquinas nos ahorran tiempo.

Máquinas simples

La cuña, la rueda, el tornillo, el **plano inclinado**, la polea y la palanca son máquinas simples. Son simples porque se componen de pocas piezas.

¿Crees que las personas de la prehistoria usaban máquinas simples? Sí. Los primeros cazadores descubrieron que una cuña afilada colocada en el extremo de un palo constituía un arma peligrosa. La cuña afilada se utilizaba también para raspar pieles de animales, cavar hoyos y partir troncos. ¿Se te ocurre otra máquina simple que la gente de la prehistoria pudo haber utilizado?

Las herramientas primitivas de piedra demuestran que la gente de la prehistoria usó máquinas simples.

La cuña

Un plano inclinado es una superficie plana con cierta pendiente. Una cuña es como un plano inclinado con una o dos superficies en declive. La cuña tiene forma de triángulo con un extremo ancho y otro estrecho, y funciona como un plano inclinado móvil. Si se aplica una fuerza en la parte ancha de la cuña, la parte estrecha entrará en un objeto o entre dos objetos.

Las máquinas usan la cuña para cortar, separar y apretar o mantener objetos en posición. Las máquinas que usan cuñas nos dan una **ventaja mecánica**. Esto quiere decir que nos pueden ayudar a hacer el mismo trabajo con menos esfuerzo.

La navaja es una cuña que puede cortar o partir.

Cuñas que parten

Una cuña puede servir para partir cosas. Su forma la hace ideal para este trabajo.

Imagina que tienes una pila de troncos redondos. Los troncos son demasiado grandes y no caben en tu chimenea. Debes partirlos en pedazos que se puedan usar. Necesitas una cuña y una maza. Primero colocas la parte afilada de la cuña en la parte plana superior del tronco. Luego golpeas la parte ancha de la cuña con la maza. Cada golpe hace que la cuña se deslice hacia dentro del tronco y lo parta. Tus dientes también son cuñas. Sirven para cortar y partir tu comida en trozos pequeños.

Los incisivos son afilados y tienen forma de cuña.

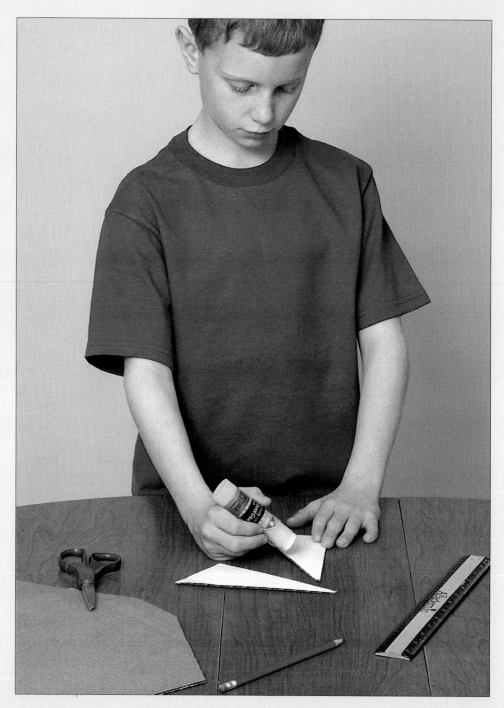

Una cuña es fácil de hacer.

Hacer una cuña

NECESITARÁS:

- regla
- lápiz
- hoja de cartón grueso
- tijeras
- tubo de pegamento

Con la regla y el lápiz, mide y dibuja un triángulo recto en una de las esquinas del cartón. La base debe ser de 6 pulgadas (15.2 centímetros) y la altura de 3 pulgadas (7.62 cm). Mide y dibuja otro triángulo igual en otra esquina del cartón. Usa las tijeras para recortar cuidadosamente los dos triángulos.

Con el pegamento, pega un triángulo al otro para formar un triángulo grueso. Este triángulo es una cuña. Úsala para el siguiente experimento.

Experimenta con una cuña

NECESITARÁS:

- 2 libros
- mesa
- amigo
- cuña

Apila los libros sobre la mesa. Tu amigo debe sostener la parte de atrás de los libros para que no se deslicen. Coloca la parte estrecha de la cuña entre los libros. Empuja suavemente la cuña un poco hacia adentro. Observa cómo la cuña separa los libros. Sigue empujando la cuña. A medida que la cuña entra más, el libro de arriba se levanta más. La fuerza necesaria para insertar la cuña es menor a la fuerza que se necesitaría para levantar los libros sin utilizar la cuña.

Una cuña trabaja como un plano inclinado móvil.

17

Cuñas que cortan

No hay que buscar mucho para encontrar una cuña que corta. El filo de un cuchillo de cocina es un buen ejemplo. El filo corta fácilmente la comida.

La sierra del carpintero es también una cuña que corta. Cada diente de la sierra es una cuña. Mientras el carpintero mueve la sierra, los dientes cortan las fibras que mantienen unida la madera.

Algunas herramientas que cortan son cuñas combinadas con palancas. Las tijeras y los cortaúñas son palancas dobles con dos bordes afilados.

Las tijeras son una combinación de dos máquinas simples.

Es difícil recortar formas sin una cuña.

No se requiere mucho esfuerzo para cortar arcilla con una cuña.

Experimenta con una cuña cortante

NECESITARÁS:

- arcilla
- cuchillo de plástico

Aplasta parte de la arcilla de manera que logres un grosor de 0.5 pulgada (1.27 cm). Con los dedos, trata de cortar un triángulo, un círculo y un cuadrado de arcilla. No es fácil porque los dedos son redondeados y sin filo. Ahora trata de cortar las mismas formas nuevamente, pero esta vez utiliza un cuchillo de plástico. ¿Resultó más fácil recortar esas figuras con la ayuda de un cuchillo de plástico? El filo del cuchillo es una cuña que hace el corte más fácil.

Cuñas que sostienen o aprietan

Las cuñas no sólo sirven para partir cosas, sino también para sostener o apretar. Un tope de puerta es una cuña capaz de mantener una puerta en su lugar. Al deslizar el tope por debajo de la puerta, la cuña se ajusta entre el fondo de la puerta y el piso. Si se hace más fuerza sobre el tope, la cuña se ajusta aún más.

La punta afilada de un clavo es una cuña. Con la ayuda de un martillo, el clavo puede penetrar fácilmente en la madera. Un clavo que pasa de una pieza de madera a otra las mantendrá firmemente unidas.

La cuña es un perfecto tope de puerta.

¡La forma es importante!

Prueba este experimento.

NECESITARÁS:

- un ayudante adulto
- anteojos de seguridad
- tornillo con rosca para tuerca
- pedazo de madera
- martillo

Pide al adulto que supervise el experimento.

Ponte los anteojos de seguridad. Coloca el tornillo sobre la madera y mantenlo firme. Con cuidado de no golpear tus dedos, usa el martillo para hundir el tornillo en la madera.

¿Fue difícil martillar el tornillo en la madera? Mira la punta del tornillo. Es redonda y chata. ¿Habrá algún modo de facilitar el trabajo?

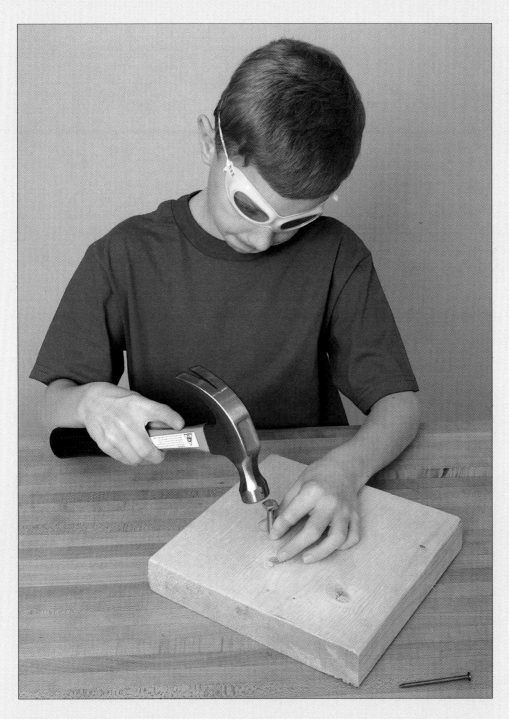

Tomará gran esfuerzo para martillar un tornillo con punta chata en la madera.

25

Uso de la cuña para sostener

NECESITARÁS:

- un ayudante adulto
- anteojos de seguridad
- clavo
- pedazo de madera
- martillo

Pide al adulto que supervise el experimento.

Ponte los anteojos de seguridad. Coloca el clavo sobre el pedazo de madera y sostenlo firme. Con cuidado de no golpearte los dedos, usa el martillo para clavar el clavo en la madera.

¿El clavo entró en la madera más fácilmente que el tornillo? El clavo tiene una punta afilada. La punta del clavo es una cuña que puede insertarse sin dificultad en la madera. Una vez que el clavo ha entrado, se mantiene firme.

Un clavo es una cuña mucho mejor que un tornillo.

Máquinas complejas

Un cuchillo, una pala, un hacha y un clavo son cuñas que nos facilitan el trabajo. Todas usan una superficie inclinada para darnos una ventaja mecánica. Todas ellas actúan como planos inclinados.

Puedes encontrar cuñas en máquinas más **complejas**. Una máquina de coser tiene una cuña llamada aguja. Una pala mecánica tiene una cuña llamada pala. Una motosierra tiene una cuña llamada sierra.

¿Puedes pensar en otras máquinas que utilizan cuñas?

Las máquinas complejas, como las motosierras, tienen muchas partes.

Glosario

compleja: formadas por muchas partes

plano inclinado: una superficie plana con pendiente que se usa para facilitar el trabajo

ventaja mecánica: lo que se gana cuando una máquina simple te permite usar menos esfuerzo para realizar el mismo trabajo

Lectura adicional

Macaulay, David. *The New Way Things Work.*
Houghton Mifflin Company, 1998
VanCleave, Janice. *Machines.* John Wiley &
Sons, Inc., 1993

Sitios web para visitar

http://www.kidskonnect.com/
http://www.most.org/sin/Leonardo/InventorsTool
box.html
http://www.brainpop.com/tech/simplemachines/

Índice

Acerca de los autores

David y Patricia Armentrout han escrito muchos libros para jóvenes. Ellos se especializan en escribir sobre temas de ciencia y estudios sociales. Han publicado varios libros de lectura para escuela primaria. Los Armentrout viven en Cincinnati, Ohio, con sus dos hijos.